100% FRANZÖSISCH

DER SPRACHFÜHRER VON HEUTE

m

BONJOUR!

Mit diesem Sprachführer sind Sie in allen Bereichen bestens gerüstet. Egal, ob Sie nun eine Zugfahrkarte kaufen, in einem Restaurant eine lokale Spezialität bestellen, einen Flirt auf einer Terrasse beginnen oder den nächstgelegenen Hotspot suchen möchten, dieser Guide mit mehr als 400 Sätzen, zahlreichen Tipps und ausführlichen Wörterlisten ist der ideale Begleiter für Städtetrips, Dienst- und Urlaubsreisen.
Mit diesem Sprachführer können Sie Ihr Anliegen im Nu vorbringen. Probleme mit der Aussprache? Dann lassen Sie einfach Ihre praktische Smartphone-App für Sie sprechen.

APP & GUIDE – WIE FUNKTIONIERT DAS?

Der Guide ist der Sprachführer, den Sie gerade in Händen halten. Die App für Ihr Smartphone müssen Sie erst von der 100 %-Website (www.100travel.de/sprachguides) herunterladen. Das ist jedoch ziemlich einfach. Und nach dem Herunterladen der App brauchen Sie keine Internetverbindung mehr – die App ist nämlich eine Offline-Anwendung. So müssen Sie bei einem Auslandsaufenthalt auch keine Angst vor hohen

Handyrechnungen haben! Um die App herunterladen zu können, benötigen Sie lediglich ein internetfähiges Smartphone*.
Der Inhalt der App entspricht im Wesentlichen dem dieses Sprachführers. Der große Vorteil der App ist aber, dass Sie die eingesprochenen Sätze abspielen und somit Ihr Smartphone für Sie sprechen lassen können. Äußerst praktisch, wenn es mal zu kompliziert wird. Und mit den cleveren Funktionen, mit denen diese App ausgestattet ist, finden Sie die gesuchten Wörter schnell und einfach.

* Die App wurde erstellt für iPhones, iPod Touch und Smartphones mit dem Android-Betriebssystem.

ABC AUF FRANZÖSISCH

A	*a*
Ä	*a trema*
B	*be*
C	*sse*
D	*de*
E	*ö*
F	*ef*
G	*sche*
H	*asch*
I	*i*
J	*schi*
K	*ka*
L	*el*
M	*em*
N	*en*
O	*o*
Ö	*o trema*
P	*pe*
Q	*kü*
R	*er*
S	*es*
T	*te*
U	*ü*
Ü	*ü trema*
V	*we*
W	*dubl-we*
X	*iks*
Y	*i gräk*
Z	*set*

NOTIZEN

NOTIZEN

100% FRANZÖSISCH

ALLGEMEIN

BASIS

Ja	Oui	*ui*
Nein	Non	*no*
Vielleicht	Peut-être	*pöt-ätre*
Hallo	Salut	*salü*
Guten Morgen	Bonjour	*bonschur*
Guten Tag	Bon après-midi	*bon apree-midi*
Guten Abend	Bonsoir	*bonsoar*
Gute Nacht	Bonne nuit	*bon nuie*
Bis morgen	À demain	*a demän*
Bis nachher	À bientôt	*a bjentoo*
Auf Wiedersehen	Au revoir	*oh rewoar*
Willkommen	Bienvenue	*bjenwnü*
Bitte (Wunsch)	S'il vous plaît	*sil wu plä*
Bitteschön, Bitte (nach Dank)	Voici	*woasi*
Danke	Merci bien	*mersi bjen*
Vielen Dank	Merci beaucoup	*mersi bohku*
Gerne geschehen	De rien	*de rjen*
Vielen Dank für die Gastfreundschaft	Merci pour votre hospitalité	*mersi pur wotr ospitalitee*
Entschuldigen Sie bitte	Pardon	*pardon*
Es tut mir leid	Je suis désolé	*sche süi desolee*
Das macht nichts	Ça ne fait rien	*sa ne fä rjen*

Einen Augenblick bitte	Un instant s'il vous plaît	*ön enstan sil wu plä*
Wo?	Où?	*u?*
Wann?	Quand?	*kan?*
Was?	Quoi?	*kuah?*
Wie?	Comment?	*komman?*
Wie viel?	Combien?	*kombjen?*
Welche?	Quelle?	*kel?*
Wer?	Qui?	*ki?*
Warum?	Pourquoi?	*purkua?*

Wie heißt dies?	Comment ça s'appelle? *komman sa sappel?*
Wie heißt das?	Comment ça s'appelle? *komman sa sappel?*
Was bedeutet dies?	Qu'est-ce que ça veut dire? *kess-ke sa wö dir?*
Wie bitte?	Qu'est-ce que vous dites? *kess-ke wu dit?*
Ich verstehe es nicht	Je ne comprends pas *sche ne kompran pa*
Können Sie das bitte wiederholen?	Pouvez-vous répéter, s'il vous plaît *puwee-wu repetee sil wu plä?*
Können Sie es aufschreiben?	Pouvez-vous le noter, s'il vous plaît? *puwee-wu le notee sil wu plä?*
Können Sie bitte etwas langsamer sprechen?	Pourriez-vous parler plus lentement, s'il vous plaît?

	purriejee-wu parlee plü lantman sil wu plä?
Sprechen Sie Englisch?	Parlez-vous anglais? *parlee-wu anglä?*
Ich spreche kein Französisch	Je ne parle pas français *sche ne parl pah fransä*
Gute Reise!	Bon voyage! *bon woajasch!*
Viel Spaß!	Amusez-vous bien! *amusee-wu bjen!*
Viel Glück!	Bonne chance! *bon schans!*
Herzlichen Glückwunsch	Félicitations! *felisitasjon!*
Gute Besserung!	Je vous souhaite un prompt rétablissement *sche wu suhät ön promt retablissman!*
Nur Mut!	Bon courage! *bon kurasch!*
Viel Erfolg!	Bonne chance! *bon schans!*
Gibt es heute in der Stadt etwas zu sehen?	Est-ce qu'il y a quelque chose de spécial à voir en ville ce soir? *ess kil ja kelk schoos de spesjal a woar an will se soar?*
Können Sie ein Foto von	Pouvez-vous nous prendre

uns machen?	en photo?	*puwee-wu nu prandr an foto?*
Darf ich hier rauchen?	Puis-je fumer ici?	*pui-sche fümee isi?*
Haben Sie Feuer?	Tu as du feu?	*tu a du fö?*

ZEIT

Welches Datum haben wir heute?	Quelle date sommes-nous?	*kel dat som nu?*
Wie spät ist es?	Quelle heure est-il?	*kel ör et-il?*
Wann fängt es an?	Ça commence à quelle heure?	*sa kommans a kel ör?*
Wann ist es zu Ende?	Ça finit à quelle heure?	*sa fini a kel ör?*
Wie lange dauert es?	Ça dure combien de temps?	*sa dür kombjen de tam?*
Bis wann ist es geöffnet?	C'est ouvert jusqu'à quelle heure?	*set uwär schesk-a kel ör?*
Ab wann ist es geschlossen?	Ça ferme à quelle heure?	*sa ferm a kel ör?*
Vorgestern	Avant-hier	*awant-jär*
Gestern	Hier	*jär*

Heute	Aujourd'hui *ohschurdui*
Morgen	Demain *demän*
Übermorgen	Après-demain *apree-demän*
am Morgen	Le matin *le maten*
am Nachmittag	L'après-midi *lapree-midi*
am Abend	Le soir *le soar*
nachts	La nuit *la nuie*

TAGE

Montag	Lundi	*landi*
Dienstag	Mardi	*mardi*
Mittwoch	Mercredi	*merkrödi*
Donnerstag	Jeudi	*schödi*
Freitag	Vendredi	*wandrödi*
Samstag	Samedi	*samdi*
Sonntag	Dimanche	*diemansch*

MONATE

Januar	Janvier	*schanwjee*
Februar	Février	*fewrjee*

März	Mars	*maar*
April	Avril	*awril*
Mai	Mai	*meh*
Juni	Juin	*schüan*
Juli	Juillet	*schuljee*
August	Août	*ut*
September	Septembre	*septambre*
Oktober	Octobre	*oktobre*
November	Novembre	*nowambre*
Dezember	Décembre	*desambre*

ZAHLEN

0	zéro	*seero*
1	un	*a*
2	deux	*dö*
3	trois	*troa*
4	quatre	*katr*
5	cinq	*sänk*
6	six	*sis*
7	sept	*set*
8	huit	*wiet*
9	neuf	*nöf*
10	dix	*dis*
11	onze	*onse*
12	douze	*dus*
13	treize	*träs*
14	quatorze	*kators*
15	quinze	*käns*

16	seize	*säs*
17	dix-sept	*disset*
18	dix-huit	*diswiet*
19	dix-neuf	*disnöf*
20	vingt	*went*
30	trente	*trant*
40	quarante	*karant*
50	cinquante	*senkant*
60	soixante	*soassant*
70	soixante-dix	*soassant-dis*
80	quatre-vingts	*katr-went*
90	quatre-vingt-dix	*katr-went-dis*
100	cent	*sant*

NOTIZEN

NOTIZEN

100% FRANZÖSISCH

MITEINANDER SPRECHEN

KENNENLERNEN

Hallo! Wie geht's?	Salut! Ça va? *salü! sa wa?*
Wie geht es Ihnen?	Comment allez-vous? *komman allee-wu?*
Sehr gut, danke	Très bien, merci *tree bjen, mersi*
Wie heißt du?	Comment tu t´appelles? *komman tu tappel?*
Mein Name ist ...	Mon nom est ... *mon nom ä ...*
Sehr erfreut (dich/Sie kennenzulernen)	Enchanté (de faire votre connaissance) *anschantee (de fär wotre konnessans)*
Wie alt bist du?	Tu as quel âge? *tu a kel asch?*
Ich bin ... Jahre alt	J'ai ... ans *schä ... an*
Ich komme aus Deutschland/Österreich/der Schweiz	Je viens de l'Allemagne/ l´Autriche/la Suisse *sche wjen de lalmanje/ l'Otrisch/la Suiss*
Wo kommen Sie her?	Vous êtes d'où? *wus ät du?*

INTERESSEN

Ich verreise gerne	J'aime voyager *schäm woajaschee*
Ich mag Abenteuer	J'aime l'aventure *schäm lawantür*
Ich mag gutes Essen	J'aime la bonne cuisine *schäm la bon kuisin*
Ich lerne gerne neue Menschen kennen	J'aime apprendre à connaître de nouvelles personnes *schäm apprandr a konnät-re de nuwel person*
Hast du Lust, dich zu verabreden?	Ca te dirait qu'on se donne rendez-vous un jour? *sa te diree kon se don randee-wu ön schur?*
Welche Art von Musik hörst du gerne?	Quel genre de musique aimes-tu? *kel schenr de musik äm-tu?*
Was sind deine Lieblings-filme?	Quels sont tes films préférés? *kel son te film preeferee?*
Was ist dein liebstes Urlaubsziel?	Où est-ce que tu préfères aller en vacances? *u ess-ke tu prefär allee an wakans?*

VON SICH ERZÄHLEN

Ich bin verheiratet	Je suis marié (e) *sche süi marjee*
Ich habe Kinder	J'ai des enfants *schä des anfan*
Haben Sie Kinder?	Vous avez des enfants? *wus awee des anfan?*
Sind Sie verheiratet	Vous êtes marié? *wus ät marjee?*
Ich bin Single	Je suis célibataire *sche süi selibatär*
Ich bin Alleinstehend	Je suis seul *sche süi söl*
Ich bin geschieden (f)	Je suis divorcée *sche süi diworsee*
Ich bin geschieden (m)	Je suis divorcé *sche süi diworsee*
Ich bin in Deutschland/ Österreich/der Schweiz geboren	Je suis né(e) en Allemagne/ en Autriche/la Suisse *sche süi nee an Almanje/an Otrisch/la Suiss*
Ich wohne in ...	J'habite à ... *schabit a ...*
Ich komme aus ... (Berlin/ Wien/Zürich)	Je viens de ... *sche wjän de ...*
Was arbeitest du?	Quelle est ta profession? *kel ä ta profesjon?*

Welche Ausbildung machst du?	Tu suis quelles études? *tu süi kel eetud?*
Wie alt bist du?	Tu as quel âge? *tu a kel asch?*
Wo wohnst du?	Tu habites où? *tuu abit u?*

IN DER STADT

Kannst du mir die Stadt zeigen?	Tu veux me faire visiter la ville? *tu vö me fär wisietee la wil?*
In welche Kneipe gehst du am liebsten?	Quel est le meilleur bar selon toi? *kel ä le meljiör bar selon toa?*
Wo ist das beste Café?	Quel est le meilleur endroit pour boire un café? *kel ä le meljiör androa pur boar ön kafee?*
Wo ist deine Lieblingsbuchhandlung?	Quel est ta librairie préférée? *kel ä ta libreri preferee?*
Wo gehst du am liebsten einkaufen/shoppen?	Où est-ce tu préfères faire les magasins? *u ess-ke tu prefär fär le magasen?*

Sind in nächster Zeit gute Festivals/Konzerte?	Est-ce qu'il y a des bons festivals bientôt? *ess kil ja de bon festiwal bjentoo?*
Wo kann ich Konzertkarten kaufen?	Où est-ce que je peux acheter des billets pour un concert? *u ess ke sche pö aschetee de biljet pur ön konser?*
Warum wohnst du gerne in ...?	Pourquoi tu aimes habiter à ...? *purkuah tu äm abitee a ...?*
Sollen wir heute Abend zusammen ausgehen?	Tu veux qu'on sorte ce soir? *tu wö kon sort se soar?*
Hast du Lust, dich mal zu verabreden?	Ca te dirait qu'on se donne rendez-vous un jour? *sa te diree kon se don randee-wu ön schur?*

DAS WETTER

Wie wird das Wetter heute?	Quel temps fera-t-il-aujourd'hui? *kel tam fera-t-il ohschurdui?*
Heute ist ein schöner Tag	Il fait beau aujourd'hui *il fä boh ohschurdui*
Scheint die Sonne in den nächsten Tagen?	Il va y avoir du soleil les prochains jours?

	il wa i awuar du solej le prosschän schur?
Es ist kalt	Il fait froid
	il fä froa
Es ist warm	Il fait chaud
	il fä schoh
Die Sonne scheint	Le soleil brille
	le solej brielj
Es regnet	Il pleut
	il plö

VERABSCHIEDUNG

Es war schön	C'était sympa
	setä simpah
Bis bald!	A bientôt!
	a bjentoo
Tschüss!	Salut!
	salü

NOTIZEN

100% FRANZÖSISCH

HILFE!

NOTFÄLLE

Ich brauche schnell Hilfe!	J'ai besoin d'aide rapidement *schä besoan däd rapidman!*
Darf ich Ihr Telefon benutzen?	Puis-je utiliser votre téléphone? *pui-sche utilisee wotr telefon?*
Dies ist ein Notfall!	C'est urgent! *set urschant!*
Pass auf!	Attention! *atansjon!*
Hilfe! Haltet den Dieb!	Au secours! Au voleur! *oh sekur! oh wolör!*
Rufen Sie die Polizei!	Appelez la police! *aplee la polis!*
Rufen Sie einen Arzt!	Appelez un médecin! *aplee ön medsen!*
Rufen Sie einen Krankenwagen!	Appelez une ambulance! *aplee ün ambülans!*

BEIM ARZT

Wann ist die Sprechstunde?	La consultation est à quelle heure? *la konsultasjon et a kel ör?*

Ich möchte gerne einen Termin machen	Je voudrais prendre un rendez-vous *sche wudrä prandr ön randee-wu*
Ich habe Kopfschmerzen	J'ai mal à la tête *schä mal a la tät*
Mir ist schwindelig	J'ai le vertige *schä le wertisch*
Mir ist übel	J'ai mal au coeur *schä mal oh kör*
Ich muss die ganze Zeit husten	Je tousse sans arrêt *sche tuss sans arree*
Ich bin allergisch gegen Penizillin	Je suis allergique à la pénicilline *sche süi allerschik a la penisillin*
Ich bin zuckerkrank	Je suis diabétique *sche süi djabetik*
Ich bin herzkrank	Je suis cardiaque *sche süi kardjak*
Ich habe Fieber	J'ai de la fièvre *schä de la fjäwr*
Ich habe Halsschmerzen	J'ai mal à la gorge *schä mal a la gorsch*
Ich habe Zahnschmerzen	J'ai mal aux dents *schä mal oh dan*
Ich habe Ohrenschmerzen	J'ai mal aux oreilles *schä mal os oreilj*
Ich bin schwanger	Je suis enceinte *sche süi ansänt*

Ich bin hingefallen	Je suis tombé(e) *sche süi tombee*
Mein Rücken tut weh	J'ai mal au dos *schä mal oh doh*
Mein Bein tut weh	Ma jambe me fait mal *ma schamb me fä mal*
Mein Arm tut weh	Mon bras me fait mal *mon bra me fä mal*
Ich brauche dringend einen Arzt	Je dois aller d'urgence chez un médecin *sche doas allee durschans sches ön medsen*
Ich brauche dringend einen Zahnarzt	Je dois aller d'urgence chez un dentiste *sche doas allee durschans sches ön dantist*

IN DER APOTHEKE

Gibt es hier eine Apotheke?	Il y a une pharmacie par ici? *il j a ün farmasi par isi?*
Haben Sie ein Mittel gegen Kopfschmerzen?	Avez-vous un remède contre le mal de tête? *awee-wu ön remäd kontr le mal de tät?*
Haben Sie ein Mittel gegen Heuschnupfen?	Avez-vous un remède contre le rhume des foins? *awee-wu ön remäd kontr le ruum de foan?*

Haben Sie ein Mittel gegen Durchfall?	Avez-vous un remède contre la diarrhée? *awee-wu ön remäd kontr la djaree?*

PROBLEME

Ich habe meine Autoschlüssel verloren	J'ai perdu mes clés de voiture *schä perdu mo klee de woatür*
Ich habe mich verlaufen	Je me suis perdu(e) *sche me süi perdu*
Kann ich einen Dolmetscher bekommen?	Est-ce que vous pourriez faire venir un interprète? *ess-ke wu purrjee fär wenir ön enterpret?*
Ich habe ein Problem	J'ai un problème *schä ön probläm*
Können Sie mir helfen?	Est-ce que tu peux m'aider? *ess-ke tu pö medee?*
Wo ist das Polizeibüro?	Où est le commissariat? *u e le kommisaria?*
Wo ist das Krankenhaus?	Où est l'hôpital? *u e lopital?*
Ich habe mein Portemonnaie verloren	J'ai perdu mon porte-monnaie *schä perdu mon portmonnee*

Mir wurde meine Kamera gestohlen	Mon appareil-photo a été volé *mon appareilj-foto a etee wolee*
Ich wurde verhaftet	J'ai été arrêté(e) *schä etee arretee*
Ich bin krank	Je suis malade. *sche süi malad*
Ich habe Heimweh	J'ai le mal du pays *schä le mal du pejie*
Ich will nach Hause	Je veux rentrer chez moi *sche wö rantree schee moa*
Ich habe meinen Pass verloren	J'ai perdu mon passeport *schä perdu mon passpor*
Ich möchte einen Diebstahl anzeigen	Je voudrais faire une déclaration de vol *sche wudrä fär ün deklarasjon de wol*
Mein Pass wurde gestohlen	On a volé mon passeport *on a wolee mon passpor*
Mein Portemonnaie wurde gestohlen	On a volé mon porte-monnaie *on a wolee mon portmonnee*
Meine Kreditkarte wurde gestohlen	On a volé ma carte de crédit *on a wolee ma kart de krediet*

Mein Handy wurde gestohlen
On a volé mon téléphone portable
on a wolee mon telefon portabl

ÄRGER

Fass mich nicht an!
Ne me touchez pas!
ne me tusch pah!

Geh bitte weg!
Va-t-en s'il te plaît!
wa tan sil te plä!

Bitte lassen Sie das!
Cela ne me convient pas
sela ne me konwjen pa

Das stimmt nicht
Ce n'est pas correct
se ne pa korrekt

Das haben wir nicht vereinbart
Ce n'est pas ce qu'on a convenu
se ne pa se kon a konwnuu

Das bezahle ich nicht!
Je ne vais pas payer ça!
sche ne wa pa pejee sa!

Das ist lächerlich!
C'est ridicule!
set ridikül

Ich gehe zur Polizei
Je vais aller voir la police
sche wes allee wuar la polis

NOTIZEN

100% FRANZÖSISCH

AUF DER REISE

TICKETS KAUFEN

Wo kann ich eine Fahrkarte kaufen?	Où puis-je acheter un ticket? *u pui sche aschtee ön tiket?*
Ich möchte eine Fahrkarte nach ...	Je voudrais un billet pour … *sche wudrä ön biljeh pur ...*
Wie viel kostet eine Fahrkarte?	Combien coûte un billet? *kombjen kut ön biljeh?*
Zwei Karten, bitte	Deux billets s'il vous plaît *dö biljeh sil wu plä*
Eine Einzelfahrkarte	Un aller simple *ön allee sempl*
Eine Rückfahrkarte	Un aller et retour *ön allee e retur*
Eine Tageskarte	Un ticket qu'on peut utiliser toute la journée *ön tiket kon pö utilisee tut la schurnee*

BUS, U-BAHN, ZUG

Wo ist der Busbahnhof?	Où est la station de bus? *u e la stasjon de bas*
Ist dies der Bus nach ...?	Ce bus va-t-il à …? *se bus wa til a …?*
Ist dieser Platz frei?	Cette place est-elle prise?

	set plas et-el pris?
Wann fährt der letzte Bus?	A quelle heure part le dernier bus? *a kel ör par le dernjee bus?*
Welche Linie muss ich nehmen?	Quel numéro dois-je prendre? *kel numero doah-sche prandr?*
Wann kommt der nächste ...?	Quand arrive le prochain? *kand arriw le proschän?*
Wann fährt der Zug nach ...?	A quelle heure part le train pour ...? *a kel ör par le trän pur ...?*
Welches ist die nächste Haltestelle?	Quelle est la prochaine gare? *kel e la proschän gar?*
Auf welchem Bahnsteig fährt ...?	De quel quai part le ...? *de kel keh par le ...?*
Wo ist die U-Bahnstation?	Où est la station de métro? *u e la stasjon de metro?*

TAXI

Wo gibt es einen Taxistand?	Où est-ce qu'il y a une station de taxis? *u ess-kil i ja ün stasjon de taksi?*

Können Sie mir ein Taxi rufen?	Pourriez-vous m'appeler un taxi?	*purriejee-wu maplee ön taksi?*
Können Sie mir zu dieser Adresse bringen?	Voudriez-vous me conduire à cette adresse?	*wudriejee-wu me konduir a set adres?*
Wie viel wird die Fahrt kosten?	Quel va être le tarif?	*kel va ätre le tarif?*
Das ist zu teuer	C'est trop cher	*se troo schär*
Bitte, schalten Sie den Taxameter ein	Mettez le compteur, s'il vous plaît	*mettee le komtör sil wu plä*
Würden Sie hier auf mich warten?	Pourriez-vous m'attendre ici?	*purriejee wu mattandr isi?*
Können Sie bitte etwas langsamer fahren?	Ralentissez, s'il vous plaît	*ralentissee, sil wu plä*
Können Sie bitte etwas schneller fahren?	Accélérez, s'il vous plaît	*aksselleree, sil wu plä*
Können Sie hier anhalten?	Voudriez-vous arrêter ici?	*wudriejee-wu arretee isi?*
Zum Bahnhof, bitte	Á la gare s'il vous plaît	*a la gar sil wu plä*
Zum Flughafen, bitte	Á l'aérport s'il vous plaît	*a lärpoor sil wu plä*
Zum Zentrum, bitte	Au centre s'il vous plaît	*oh santr sil wu plä*

EIN FAHRZEUG MIETEN

Ich möchte einen Motorroller mieten	Je voudrais bien louer un scooter *sche wudrä bjen luee ön skutör*
Ich möchte ein Fahrrad mieten	Je voudrais bien louer un vélo *sche wudrä bjen luee ön weloo*
Ich möchte ein Auto mieten	Je voudrais bien louer une voiture *sche wudrä bjen luee ün wuatür*
Was kostet es pro Tag?	Quel est le tarif journalier? *kel e le tarif schurnaljee?*
Was kostet es pro Woche?	Quel est le tarif hebdomadaire? *kel e le tarif heddomadär?*
Muss ich eine Kaution bezahlen?	Dois-je payer une caution? *doah-sche pejee ün kosjon?*
Wie hoch ist die Kaution?	A combien s'élève la caution? *a kombjen seläw la kosjon?*
Was ist im Preis inbegriffen?	Qu'est-ce qui est compris dan le prix? *kess ki e komprie dan le pri?*

Ist es auch möglich, ein Navigationsgerät zu mieten?
Est-ce que je peux également louer un système de navigation?
ess ke sche pö egalman luee ön sistäm de nawigasjon?

Wie viel beträgt die Höchstgeschwindigkeit?
Quelle est la vitesse maximale?
kel e la witess maksimal?

AM FLUGHAFEN

Ich möchte einen Flug nach ... reservieren
Je voudrais réserver un vol pour …
sche wudrä reserwee ön wol pur …

Ich möchte diesen Flug stornieren
Je voudrais bien annuler ce vol
sche wudrä bjen annullee se wol

Wo finde ich den Auskunftsschalter?
Où se trouve le guichet des renseignements?
u se truw le gischee de ransenjeman?

Wo ist der Abfertigungsschalter für den Flug von ... Uhr nach ...?
Où se trouve le comptoir d'enregistrement pour le vol de … heures à destination de …?
u se truw le komtoar

danreschjistrman pur le wol de ... a destinasjon de ...?

Wir möchten nebeneinander sitzen
Nous voudrions être assis l'un à côté de l'autre
nu wudrjon ätre assi lön a kotee de lotr

Ich möchte gerne am Fenster sitzen
Je voudrais m'asseoir près de la fenêtre
sche wudrä massoar preh de la fenätr

Ich hätte gerne einen Gangplatz
Je voudrais m'asseoir près du couloir
sche wudrä massoar preh du kuluar

Ich leide unter Flugangst
J'ai peur en avion
schä pör an awjon

Mein Koffer ist verschwunden
Ma valise a disparue
ma walis a disparu

NOTIZEN

100% FRANZÖSISCH

BEZAHLEN

BANKKARTE & KREDITKARTE

Ich suche einen Geldautomaten

Je cherche un distributeur de billets

sche schersch ön distributör de biljeh

Gibt es hier in der Nähe eine Bank?

Est-ce qu'il y a une banque dans le coin?

ess kil i ja ön bank dan le koan?

Kann ich mit Kreditkarte bezahlen?

Est-ce que je peux payer avec une carte de crédit?

ess ke sche pö pejee awek ün kart de kredit?

Meine Karte wurde gesperrt

Ma carte est bloquée

ma kart e blokee

Kann ich mit einer Bankkarte bezahlen?

Est-ce que je peux payer avec une carte bancaire?

ess ke sche pö pejee awek ün kart bankär?

Kann ich bargeldlos bezahlen?

Est-ce que je peux payer avec un code confidentiel?

ess ke sche pö pejee awek ön kod konfiedansjel

ETWAS BEZAHLEN

Was kostet das?	Combien ça coûte? *kombjen sa kut?*
Können Sie mir den Preis notieren?	Pourriez-vous m'inscrire le prix? *purriejee-wu menskrir le pri?*
Können Sie es einpacken?	Pourriez-vous me l'emballer? *purriejee-wu me lamballee?*
Haben Sie eine Tasche?	Avez-vous un sac en plastique? *awee-wu ön sak an plastik?*

UM DEN PREIS FEILSCHEN

Bekomme ich Rabatt?	Puis-je avoir une remise? *pui-sche awuar ün remis?*
Das ist viel zu teuer	C'est beaucoup trop cher *se bohku troo schär*
Sie machen sicher einen Scherz?	Vous devez plaisanter! *wu dewee plesantee!*
Ich bezahle Ihnen die Hälfte	Je vous en offre la moitié *sche wuз offr la muatjee*
Wir kommen ins Geschäft	Marché conclu *marschee konklu*

NOTIZEN

100% FRANZÖSISCH

TELEFON & INTERNET

ANRUFEN

Ich brauche ein Ladegerät für mein Handy	J'ai besoin d'un chargeur pour mon portable *schä besoan dön schar-schör pur mon portabl*
Darf ich bitte telefonieren?	Est-ce que je peux téléphoner? *ess ke sche pö telefonee?*

INTERNET & MAIL

Gibt es hier ein Internetcafé?	Où puis-je trouver un cybercafé? *u pui-sche truwee ön sajberkafee?*
Kann ich hier das Internet benutzen?	Puis-je surfer sur Internet? *pui-sche surfee sür enternet?*
Haben Sie drahtloses Internet/WLAN?	Disposez-vous de l'Internet sans fil ou du WiFi? *disposee-wu de lenternet san fil u du WiFi?*
Was kostet die Internetbenutzung?	Combien coûte l'accès Internet sans fil? *kombjen kut laksee enternet san fil?*

Wo habe ich einen Internetzugang?
Où puis-je avoir un accès à Internet?
u pui-sche awuar ön aksee a enternet?

Ich bekomme keinen Anschluss
Je ne peux pas obtenir la communication
sche ne pö pah obtenir la kommunikasjon

Ich kann mich nicht einloggen
Je n'arrive pas à me connecter
sche narriw pa a me konnektee

Ich möchte mir gerne meine Mails anschauen
J'aimerais bien lire mes courriels
schämreh bjen lir me kurrjel

Ich möchte einige Seiten drucken
J'aimerais bien imprimer quelques pages
schämreh bjen emprimee kelk pasch

Ich möchte einen Scanner benutzen
J'aimerais bien utiliser un scanner
schämreh bjen utilisee ön skaner

Kann ich hier etwas ausdrucken?
Puis-je imprimer ici?
pui-sche emprimee isi?

Kann ich hier eine CD brennen?
Puis-je graver un cd ici?
pui-sche grawee ön seedee isi?

POST

Wo ist der nächste Briefkasten?
Où est-ce que je peux trouver une boite aux lettres?
u ess ke sche pö truwee ün boat oh lettr?

Wo bekomme ich Briefmarken?
Où est-ce que je peux acheter des timbres?
u ess ke sche pö aschtee de tämbr?

NOTIZEN

NOTIZEN

100% FRANZÖSISCH

ÜBERNACHTEN

RESERVIEREN

Ich habe ein Zimmer reserviert	J'ai réservé une chambre *schä reserwee ün schambr*
Haben Sie noch Zimmer frei?	Avez-vous encore des chambres libres? *awee-wu ankör de schambr libr?*
Ich möchte ein Zimmer buchen	Je voudrais bien réserver une chambre *sche wudrä bjen reserwee ün schambr*
Für eine Nacht	Pour une nuit *pur ün nuie*
Für zwei Nächte	Pour deux nuits *pur dö nuie*
Für eine Woche	Pour une semaine *pur ün seemän*
Was kostet ein Doppelzimmer?	Combien coûte une chambre pour deux personnes? *kombjen kut ün schambr pur dö person?*
Was kostet ein Einzelzimmer?	Combien coûte une chambre pour une personne? *kombjen kut ün schambr pur ön person?*

Wie viele Betten gibt es in dem Zimmer?

Il y a combien de lits dans la chambre?

il i ja kombjen de li dan la schambr?

Ist eine Vorauszahlung für die Übernachtung(en) erforderlich?

Dois-je payer quelques nuits à l'avance?

doah-sche pejee kelk nuie a lawans?

Kann ich mit der Kreditkarte bezahlen?

Puis-je payer par carte de crédit?

puie-sche pejee par kart de kredit?

Ist das Frühstück inklusive?

Le petit-déjeuner est-il compris dans le prix?

le ptie-deschönee et-il kompri dan le pri?

Wann kann ich frühstücken?

A quelle heure puis-je pendre mon petit déjeuner?

a kel ör puie-sche prandr mon ptie deschönee?

Bis wann gibt es Frühstück?

Jusqu'à quelle heure est le petit-déjeuner?

schuska kel ör ä le ptie deschönee?

EIN- & AUSCHECKEN

Ich möchte abreisen
Je voudrais régler ma note
sche wudrä reglee ma not

Kann ich mein Gepäck noch kurz hier abstellen?
Puis-je déposer mes bagages ici encore pour un petit moment?
puie-sche deposee me bagasch isi ankor pur ön ptie moman?

Wo kann ich mein Gepäck lassen?
Où puis-je laisser mes bagages?
u puie-sche lessee me bagasch?

IM HOTEL

Könnten Sie mir die Adresse des Hotels aufschreiben?
Pourriez-vous me mettre par écrit l'adresse de l'hôtel?
purriejee-wu me mettr par ekri ladres de lootel?

Haben Sie einen Stadtplan?
Avez-vous une carte de la ville?
awee-wu ün kart de la will?

Haben Sie einen Stadtplan met dem Namen des Hotels?
Vous avez un plan avec le nom de l'hôtel?
wus-awee ön plan awek le nom de lootel?

Gibt es einen Safe?	Est-ce que j'ai un coffre-fort? *ess ke schä ön koffr-foor?*
Ich habe den Code des Schließfachs vergessen	J'ai oublié le code du coffre-fort *schä ubliejee le kod du koffr-foor*
Haben Sie ein Handtuch für mich?	Avez-vous une serviette pour moi? *awee-wu ün serwjet pur moah?*
Kann ich Getränke auf meine Rechnung stellen lassen?	Est-ce que je peux mettre les boissons sur mon compte? *ess ke sche pö mettr le boasson sür mon komt?*
Welche Aktivitäten werden hier angeboten?	Quelles activités sont organisées ici? *kels aktiwitee sont organisee isi?*
Haben Sie einen Wasserkocher?	Avez-vous une bouilloire? *awee-wu ün buljoar?*
Kann ich hier DVDs leihen?	Avez-vous des dvd à louer? *awee-wu de dee wee dee a luee?*
Kann ich hier meine Wäsche waschen?	Est-ce que je peux laver mon linge ici? *ess ke sche pö lawee mon lensch isi?*

Darf ich die Küche benutzen?	Est-ce que je peux utiliser la cuisine?	*ess ke sche pö utilisee la kuisin?*
Kann ich meine Tasche hier abstellen?	Est-ce que je peux laisser mon sac ici?	*ess ke sche pö lessee mon sak isi?*
Wie lautest das Passwort für das WLAN?	Quel est le mot-de-passe Wifi?	*kel e le moo-de-pas WiFi?*

BESCHWERDEN

Ich möchte gerne ein anderes Zimmer	Je voudrais une autre chambre	*sche wudres ün otr schambr*
Das Zimmer ist nicht gemacht worden	La chambre n'a pas été nettoyée	*la schambr na pa etee nettoajee*
Die Klimaanlage funktioniert nicht	La climatisation ne marche pas	*la klimatisasjon ne marsch pa*
Die Heizung funktioniert nicht	Le chauffage ne marche pas	*le schoffasch ne marsch pa*

Die Handtücher fehlen	Il n'y a pas de serviettes *il ni ja pa de serwjet*
Ich möchte mein Geld zurück	Je veux récupérer mon argent *sche wö rekuperee mon arschan*
Die Dusche ist schmutzig	La douche est très sale *la dusch e tre sal*
Das WC-Papier ist alle	Il n'y a plus de papier toilette *il ni ja plu du papjee toalet*
Mein Bett ist nicht sauber	Mon lit n'est pas propre *mon li ne pa propr*
Die Laken sind schmutzig	Les draps sont sales *le drap son sal*

NOTIZEN

100% FRANZÖSISCH

SIGHTSEEING

INFORMATION

Gibt es hier einen Park, in dem man picknicken kann?
Est-ce qu'il y a un parc où on peut pique-niquer?
ess-kil ja ön park u on pö pik-nikee?

Wo hat man die beste Aussicht über die Stadt?
Où est-ce que je peux avoir la meilleure vue de la ville?
u ess-ke sche pö awuar la meljiör wü de la will?

Können Sie mir den Weg nach/zu ... zeigen?
Pouvez-vous m'indiquer le chemin de …?
puwee-wu mandikee le schemen de …?

Was kann man hier machen, was nichts kostet?
C'est quoi la meilleure chose à faire ici sans dépenser d'argent?
se kuah la meljiör schos a fär isi san depansee darschan?

Wo gehen Sie hin, wenn Sie frei haben?
Où est-ce que tu aimes aller quand tu as une journée de libre?
u ess-ke tu äm allee kan tu a ün schurnee de libr?

FÜHRUNGEN

Wann beginnt die nächste Führung? A quelle heure commence la prochaine visite guidée? *a kel ör kommans la proschän wisit gidee?*

Wo treffen wir uns? Où doit-on se rassembler? *u doat-on se rassamblee?*

NOTIZEN

100% FRANZÖSISCH

SHOPPEN

IM GESCHÄFT

Darf ich mich mal umsehen?	Je peux regarder? *sche pö regardee?*
Ich schau mich nur um	Je ne fais que regarder, merci *sche ne fä ke regardee, mersi*
Gibt es Sonderangebote?	Il y a des soldes? *il i ja de sold?*
Das ist cool!	Vraiment super! *wreman suupär!*

ANPROBIEREN, KAUFEN, UMTAUSCHEN

Darf ich das anprobieren?	Puis-je l'essayer? *pui-sche lessajee?*
Wo sind die Umkleide-kabinen?	Où se trouvent les cabines d'essayage? *u se truw le kabin dessajasch?*
Wo gibt es einen Spiegel?	Où est-ce qu'il y a un miroir? *u ess kil ie ja ön miroar?*
Das passt mir nicht	Ca ne me va pas *sa ne me wa pa*

Haben Sie das eine Nummer größer?	Avez-vous la taille au-dessus? *awee-wu la talj oh-dessu?*
Haben Sie das eine Nummer kleiner?	Avez-vous la taille en-dessous? *awee-wu la talj an-dessu?*
Das steht dir sehr gut	Ca te va à merveille *sa te wa a merwelj*
Ich bin verrückt nach Schuhen	Je suis accro aux chaussures *sche süi akro oh schossür*
Kann ich es umtauschen?	Je peux l'échanger? *sche pö leschanschee?*
Kann ich das Geld zurückbekommen?	Pourriez-vous me rembourser? *purriejee-wu me rambursee?*
Können Sie es einpacken?	Pourriez-vous me l'emballer? *purriejee-wu me lamballee?*

UNTERWEGS

Haben Sie Reiseführer?	Vous vendez des guides de voyage? *wu wandee de gid de woajasch?*

Wo kan ich eine neue Kamera kaufen?	Où est-ce que je peux acheter un appareil-photo? *u ess ke sche pö aschtee ön apparelj fotoo?*
Wo kann ich Batterien kaufen?	Où est-ce que je peux acheter des piles? *u ess ke sche pö aschtee de pil?*

100% FRANZÖSISCH

ESSEN & TRINKEN

IM RESTAURANT

Guten Appetit!
Bon appétit
bon appeti

Prost! / Zum Wohl!
À votre santé
a wotr santee

Bedienung!
Garçon!
garson!

RESERVIEREN

Haben Sie einen Tisch frei?
Avez-vous une table libre?
awee-wu ün tabl libr?

Einen Tisch für zwei Personen, bitte
Une table pour deux, s'il vous plaît
ün tabl pur dö sil wu plä

Können Sie einen Tisch für uns reservieren?
Pourriez-vous nous réserver une table?
purriejee-wu nu reserwee ün tabl?

Ich habe einen Tisch für zwei Personen reserviert
J'ai réservé une table pour deux personnes
schä reserwee ün tabl pur dö person

BESTELLEN

Die Speisekarte, bitte	La carte s'il vous plaît *la kart sil wu plä*
Die Weinkarte, bitte	La carte des vins s'il vous plaît *la kart de wän sil wu plä*
Was ist das Tagesmenü?	Quel est le menu du jour? *kel e le menü du schur?*
Können Sie mir etwas empfehlen?	Pourriez-vous me recommander quelque chose? *purriejee-wu me rekommandee kelk schos?*
Wir möchten bestellen	Nous aimerions commander *nus ämerijon kommandee*
Ich bin Vegetarier(in)	Je suis végétarien *sche süi weschetarjen*
Was sind die regionalen Spezialitäten?	Qu'est-ce qu'une spécialité locale? *kess kün spesialitee lokal?*
Ich würde gerne ein Gericht aus der Gegend probieren	Je voudrais bien goûter un plat régional *sche wudrä bjen gutee ön pla reschonal*

Bringen Sie uns bitte ein wenig Brot	Pourrions-nous avoir une corbeille de pain? *purriejon-nus awuar ün korbelj de pän?*
Bringen Sie uns bitte eine Flasche Wasser	Pourrions-nous avoir une carafe d'eau? *purriejon-nus awuar ün karaf doh?*
Hätten Sie noch etwas Salz und Pfeffer?	Auriez-vous du sel et du poivre? *oriejee-wu du sel e du poawr?*
Hätten Sie noch etwas Öl und Essig?	Auriez-vous de l'huile et du vinaigre? *oriejee-wu de luiel e du winägr?*
Könnte ich eine Serviette bekommen?	Pourrais-je avoir une serviette? *purriejee-sche awuar ün serwjet?*
Welche Liköre haben Sie?	Quelles liqueurs avez-vous? *kel likör awee-wu?*
Welche Sorte Bier haben Sie vom Fass?	Quelles bières avez-vous à la pression? *kel bjär awee-wu a la pressjon?*
Welcher Cocktail schmeckt am besten?	Quel est le meilleur cocktail? *kel e le meljiör koktel?*

Darf ich bitte einen Strohhalm bekommen?	Est-ce que je peux avoir une paille? *ess ke sche pö awuar ün palj?*
Könnte ich bitte Eis bekommen?	Est-ce que je peux avoir des glaçons avec? *ess ke sche pö awuar de glasson awek?*
Darf Ich bitte eine Scheibe Zitrone?	Est-ce que je peux avoir une rondelle de citron avec? *ess ke sche pö awuar ün rondell de sitron awek?*
Haben Sie eine Limone?	Avez-vous du citron vert? *awee-wu du sitron wär?*
Haben Sie Schokoladentorte?	Avez-vous du gâteau au chocolat? *awee-wu du gatö oh schokola?*
Haben Sie einen Pfefferminzbonbon?	Avez-vous un bonbon à la menthe? *awee-wu ön bonbon a la ment?*

LOBEN

Es ist wunderbar	C'est délicieux! *se deliesjö!*
Kompliment an den Koch!	Mes compliments au cuisinier! *me kompliman oh kuizin-jee!*

BEANSTANDEN

Es schmeckt nicht gut	Ca n'a pas de goût *sa na pa de gu*
Wie lange dauert es noch?	Ca va durer encore long-temps? *sa wa duree ankor long-tam?*
Das Essen ist noch nicht durch	Ce n'est pas assez cuit *sw ne pa assee kui*

RECHNUNG

Die Rechnung, bitte	L'addition s'il vous plaît *laddisjon sil wu plä*
Ich möchte gerne bezahlen	Je voudrais payer *sche wudrä pejee*
Der Rest ist für Sie	Gardez la monnaie *gardee la monnee*

SPEISEKARTE

BOISSONS — GETRÄNKE

Bière	Bier
Bière à la pression	Bier vom Fass
Café	Kaffee
Café au lait	Kaffee mit Milch
Jus de fruits	Fruchtsaft
Kir	Cocktail aus Weißwein und Creme de Cassis
Kir Royal	Cocktail aus Champagne und Creme de Cassis
Lait russe	Milchkaffee
Soda	Limonade
Thé	Tee
Tisane	Kräutertee
Vin blanc	Weißwein
Vin rosé	Roséwein
Vin rouge	Rotwein
Vin mousseux	Schaumwein

GARNITURE — BEILAGEN

Baguette	Knuspriges, langes Weißbrot
Beurre	Butter
Beurre ravigote	Kräuterbutter

Crème fraîche	Frischrahm
Huile d'olive	Olivenöl
Pain	Brot
Sauce béarnaise	Soße aus Eigelb, Butter, Wein, Essig, Estragon, Kerbel und Schalotten
Sauce béchamel	Helle Soße aus Milch, Butter und Mehl
Vinaigre	Essig

POISSONS & FRUITS DE MER
FISCH & MEERESFRÜCHTE

Bouillabaisse	Fischsuppe
Brandade de morue	Stockfischpüree
Cabillaud	Kabeljau
Coquilles St. Jacques	Jakobsmuscheln
Crabe	Krabbe
Crevettes	Garnelen
Flétan	Heilbutt
Hareng	Hering
Homard	Hummer
Huitres	Austern
Maquereau	Makrele
Morue	Scholle
Moules	Miesmuscheln
Saumon	Lachs
Thon	Thunfisch
Truite	Forelle

VIANDE & VOLAILLE
FLEISCH & GEFLÜGEL

Agneau	Lamm
Andouillette	Weißwurst aus Innereien von Kälbern, Kühen oder Enten
Blanquette de veau	Cremiges Kalbsfrikassée
Bœuf	Rindfleisch
Bœuf bourguignon	Eintopf aus Rindfleischstückchen, Rotwein, Karotten, Speckwürfeln und Zwiebel
Boudin blanc	Weißwurst
Boudin noir	Blutwurst
Canard	Ente
Canard à l'orange	Ente in Apfelsinensoße
Cassoulet	Eintopf aus weißen Bohnen, Speck, Schweinefleisch und Würstchen
Coq au vin	Hahn in Rotweinsoße
Côtes	Kotelett, Rippenstück
Côtelettes	Kotelett
Cuisses de grenouille	Froschschenkel
Dinde	Truthahn
Escalope de poulet	Hühnerschnitzel
Foie gras	Leberpastete

Porc	Schweinefleisch
Pot-au-feu	Eintopf aus Gemüse und Rindfleisch
Poulet	Huhn
Saucisse	Wurst
Veau	Kalbfleisch

LEGUMES & FRUITS
GEMÜSE & OBST

Abricot	Aprikose
Ail	Knoblauch
Ananas	Ananas
Banane	Banane
Betterave rouge	Rote Bete
Brocoli	Broccoli
Carotte	Karotte
Cerise	Kirsche
Chou	Kohl
Choucroute	Sauerkraut
Chou-fleur	Blumenkohl
Choux de Bruxelles	Sprossen
Endives	Endivie
Figue	Feige
Fraise	Erdbeere
Framboise	Himbeere
Lentilles	Linsen
Melon	Melone
Pêche	Pfirsich

Petits pois	Erbsen
Poire	Birne
Poireau	Lauch
Poivron	Paprika
Pomme	Apfel
Pomme de terre	Kartoffel
Prune	Pflaume
Oignon	Zwiebel
Orange	Apfelsine
Ratatouille	Eintopf aus Gemüse und Olivenöl
Roquette	Rucola, Rakete
Salade	Salat
Salade niçoise	Salat mit u.a. Tomaten, Oliven, Sardellen und Thunfisch
Salade piémontaise	Salat mit u.a. Tomaten, Kartoffeln, Eiern, Gurke und Schinken

DESSERTS
NACHSPEISEN

Baba au rhum	Napfkuchen mit Läuterzucker und Rum,
Beignet	Obstkrapfen
Chantilly	Schlagsahne
Crêpe	Dünne Pfannkuchen
Glace	Eis

Pain au chocolat	Schokoladenbrötchen
Paris-Brest	Runder Kuchen aus Brandteig und Nougatcreme
Profiteroles	Profiteroles mit Eis oder Schokolade
Sorbet	Sorbet(eis)
Tarte tatin	Umgekehrt gebackene Apfeltorte

100% FRANZÖSISCH

FUN & FLIRT

FLIRTEN

Hallo, darf ich mich setzen?	Salut, puis-je m'asseoir avec vous? *salü, puie-sche massoar awek wu?*
Willst du mit mir tanzen?	Tu veux danser avec moi *tu wö dansee awek moa*
Wie heißt du?	Tu t'appelles comment? *tu tapell komman?*
Wo kommst du her?	D'où viens-tu? *du wjen tu?*
Wie alt bist du?	Tu as quel âge? *tu a kel asch?*
Hast du einen festen Freund?	Tu as un petit ami? *tu a ön ptie ami?*
Hast du eine feste Freundin?	Tu as une petite amie? *tu a ün ptiet ami?*
Bist du verheiratet?	Tu es marié(e)? *tu e marjee?*
Ich bin Single	Je suis célibataire *sche süi selibatär*
Ich bin verliebt!	Je suis amoureux/amoureuse! *sche süi amurö/amurös!*
Du machst mir was vor	Tu me prends pour un imbécile? *tu me pran pur ön embesil?*

Ich finde dich toll	Tu me plais *tu me plä*
Du siehst echt toll aus	Tu es mignon(ne) *tu e minjon(n)*
Ich glaube, die Chemie zwischen uns stimmt	On a l'air de bien s'entendre *on a lär de bjen santandr*
Du bist die schönste Frau, die mir je begegnet ist	Tu es la plus belle femme que j'ai jamais rencontrée *tu e la plu bel fam ke schä schameh rankontree*
Du bist der schönste Mann, der mir je begegnet ist	Tu es le plus bel homme que j'ai jamais vu *tu e le plu bel om ke schä schameh wu*
Du bist schön	Tu es beau/belle *tu e boh/bel*
Du bist lieb	Tu es adorable *tu e adorabl*
Ich habe mich in dich verliebt	Je suis amoureux/amoureuse de toi *sche süi amurö/amurös de toa*
Ich bin dein Ritter auf dem weißen Pferd	Je suis ton chevalier sur son cheval blanc *sche süi ton schewaljee sur son schewal blan*

Du hast schöne Augen	Tu as de beaux yeux *tu a de bö jö*
Du hast schöne Beine	Tu as de belles jambes *tu a de bell schamb*
Du hast ein schönes Lächeln	Tu as un joli sourire *tu a öln scholi surir*

DATE

Möchtest du etwas trinken?	Tu veux boire quelque chose? *tu wö boar kelk schos?*
Gehen wir etwas essen?	On va manger quelque chose ensemble? *on wa manschee kelk schos ansambl?*
Sollen wir tanzen?	Tu veux danser avec moi? *tu wö dansee awek moa?*
Darf ich dich nach Hause bringen?	Voulez-vous que je vous raccompagne jusqu'à chez vous? *wulee-wu ke sche wu rakkompanj schuskaa schee wu?*
Ich würde dich gerne wiedersehen	Je veux bien te revoir *sche wö bjen te rewuar*
Sollen wir uns treffen?	Et si on se donnait rendez-vous? *e si on se donnee randee-wu?*

Hast du morgen schon was vor?	Tu as prévu quelque chose pour demain? *tu a prewuu kelk schos pur demän?*
Danke für den schönen Abend	Merci pour l'agréable soirée *mersi pur lagreabl soaree*
Wie ist deine Handy-nummer?	Quel est ton numéro de téléphone? *kel e ton numero de telefon?*
Wie ist deine Mail-adresse?	Quelle est ton adresse de courriel? *kel e ton adress de kurrjel*
Hier ist meine Telefon-nummer	Voici mon numéro de télephone *woasi mon numero de telefon*
Hier ist meine Mailadresse	Voici mon adresse de courriel *woasi mon adress de kurrjel*
Bist du bei Facebook?	As-tu Facebook? *a tu Facebook?*
Hast du MSN?	Utilises-tu MSN? *utilis-tu em es en?*
Ich will dich nicht mehr sehen	Je ne veux plus te revoir *sche ne wö plu te rewuar*

INTIMITÄT

Ich möchte dich küssen	Je veux t'embrasser *sche wö tambrasser*
Darf ich dich küssen?	Est-ce que je peux t'embrasser? *ess-ke sche pö tambrasser*
Ich finde dich sehr attraktiv	Je te trouve très attirant(e) *sche te truw tres attiran(t)*
Nimmst du die Pillen?	Tu prends la pilule? *tu pran la pilul?*
Willst du mit mir schlafen?	Tu restes dormir? *tu rest dormir?*
Ich möchte mit dir schlafen	Je veux coucher avec toi *sche wö kuschee awek toa*
Hast du ein Kondom?	Tu as un préservatif sur toi? *tu a ön preserwatif sur toa?*
Wo kann ich Kondome kaufen?	Où est-ce que je peux acheter des préservatifs? *u ess-ke sche pö aschtee de preserwatif?*
Du bist toll im Bed	Tu es fantastique au lit *tu e fantastik o li*
Du bist ein Verführer	Tu es un joueur *tu es ön schuör*
Kannst du aufhören zu schnarchen?	Tu veux bien arrêter de ronfler? *tu wö bjen arretee de ronflee?*

NOTIZEN

NOTIZEN

100% FRANZÖSISCH

WÖRTER

DE - FR

A

Abenteuer	aventure	*awontür*
Abfahrtszeit	horaires de départ	*orär de deepaar*
Abfall	ordures	*ordür*
abreisen / weggehen	partir	*partir*
Absätze	talons	*talon*
Ananas	ananas	*ananah*
angeln	pêcher	*peschee*
anmelden	inscrire / s'inscrire	*enskrir / senskrir*
anrufen	téléphoner	*telefonee*
Anwalt	avocat	*awokah*
Anzeige	publicité	*publisitee*
Apfel	pomme	*pom*
Apfelsine	orange	*ooransch*
arbeiten	travailler	*trawaljee*
Arme	bras	*brah*
arrogant	arrogant	*arrogan*
Arzt	médecin	*medsen*
attraktiv	attirant(e)	*attiran(t)*
Aubergine	aubergine	*oberschin*
auf, über	sur	*sür*
Augen	yeux	*jö*
Ausgang	sortie	*sorti*
ausgehen	sortir	*sortir*
ausruhen	se relaxer	*se relaksee*
ausschlafen	faire la grasse matinée	*fär la gras matinee*

Ausverkauf	soldes	*sold*
Auto	voiture	*wuatür*

B

Badehandtuch	serviette de bain	*serwjet de bän*
Banane	banane	*banan*
Bank	banque / canapé	*bank / kanapee*
Bar	bar	*bar*
Bär	ours	*ur*
Barkeeper	barman	*barman*
Bauch	ventre	*wantr*
Baum	arbre	*arbr*
bedrücken	imprimer	*emprimee*
beeilen	se dépêcher	*se depeschee*
Beine	jambes	*schamb*
bekommen	recevoir	*resewuar*
betrunken	bourré	*burree*
Bett	lit	*li*
BH	soutien-gorge	*sutjen-gorsch*
Bier	bière	*bjär*
Bikini	bikini	*bikini*
billig	bon marché	*bon marschee*
Birne	poire	*poaar*
Blätterteig	pâte feuilletée	*pat föjettee*
blau	bleu	*blö*
bleiben	rester	*restee*
Blitz	éclair	*eklär*
Blume	fleur	*flör*
Boot	bateau	*batoh*

Boxershorts	caleçon	*kallson*
Brörsenmakler	boursier	*bursjee*
Brot	pain	*pän*
Brust	torse	*tors*
Brüste	poitrine / seins	*puatrin / sen*
Buch	livre	*liwr*
Buchhalter	expert-comptable	*ekspär-kontabl*
Bürste	brosse à cheveux	*bross a schewö*
Bus	bus	*bus*

C

Chips	chips	*tschips*
Cocktail	cocktail	*kokteel*
Computer	ordinateur	*ordinatör*

D

Darm	intestins	*entestän*
Delphin	dauphin	*dofän*
Dieb	voleur	*wolör*
Disco	discothèque	*diskotek*
DJ	dj	*dj*
Dorf	village	*willasch*
Drehscheibe	tourne disque	*turn disk*
Dressing	dressing	*dressing*
drucken	imprimer	*amprimee*
dumm	stupide	*stupid*
Durchfall Hemmer	médicaments pour le traitement de la diarrhée	*medikaman pur le trätman de la djarree*

Dusche	cabine de douche	*kabin de dusch*

E

Eingang	entrée	*antree*
Einkäufe	courses	*kurs*
Einkaufswagen	cadis	*kadi*
Einkaufszentrum	centre commercial	*santre kommersjal*
Eiswürfel	glaçon	*glasson*
Empfangsdame	réceptionniste	*resepschonnist*
Erdbeeren	fraises	*fräs*
erschrecken	sursauter	*sürsotee*
Esel	âne	*an*
essen	manger	*manschee*
Essig	vinaigre	*winägr*
Eule	hibou	*ibu*

F

Fahrer	chauffeur	*schofför*
Fahrrad	vélo	*weloo*
Fahrrad fahren	faire du vélo	*fär du weloo*
Fahrradunterstand	garage à vélos	*garage a weloo*
Fahrradweg	piste cyclable	*pist siklabl*
Fahrstuhl	ascenseur	*asansör*
fantastisch	fantastique	*fantastik*
Farbe	couleur	*kulör*
Fenster	fenêtres	*fenätr*
festhalten	tenir	*tenir*

finden	trouver	*truwee*
Finger	doigts	*doat*
Fisch	poisson	*pwasson*
fit	en forme	*an form*
Fitness	fitness	*fitness*
Flasche	bouteille	*butejlj*
Fleck	tache	*tasch*
Fleisch	viande	*wjand*
Fliege	mouche	*musch*
fliegen	voler	*wolee*
flirten	flirter	*flörtee*
Flugzeug	avion	*awjon*
Föhn	sèche-cheveux	*sesch-schewö*
fragen	demander	*deemandee*
fröhlich	joyeux(se)	*schoajö(s)*
Frosch	grenouille	*grenulj*
früh	tôt	*too*
Fuchs	renard	*renaar*
fühlen	sentir	*santier*
Führer	guide	*gid*
Fußball	football	*futbol*
Füße	pieds	*pjee*

G

Gabel	fourchette	*furschett*
Gang	couloir	*kuloar*
Garage	garage	*garage*
Garnelen	crevettes	*krewett*
Gärtner	jardinier	*schardinjee*

Gaskocher	réchaud à gaz	*reschoh a gas*
geben	donner	*donnee*
gebraucht	usé(e)	*usee*
gelb	jaune	*schon*
gemein	méchant(e)	*meschan(t)*
Gemüse	légumes	*legüm*
gemütlich	sympa	*sempa*
geniessen	profiter / savourer / jouir	*profitee / sawuree / schuir*
Gepäck	bagage	*bagasch*
geradeaus	tout droit	*tu droat*
Geräusch/Lärm	bruit	*brui*
gerissen	déchiré(e)	*deschiree*
Gesäß	fesses	*fess*
Geschäft / Laden	magasin	*magazen*
Gewitter	orage	*orasch*
Glas	verre	*wärr*
Gold	or	*or*
Gras	herbe	*erb*
grau	gris	*gri*
Grill	barbecue	*barbekju*
Grube	trou	*tru*
grün	vert	*wär*
gucken	regarder	*regardee*
günstiger	avantageux	*aawantaaschö*
Gurke	concombre	*konkombr*

H

Haargel	gel pour les cheveux	*schel pur le schewö*
Haare	cheveux	*schewö*
Haarspray	laque pour les cheveux	*lak pur le schewö*
haben	avoir	*awuar*
Hackfleisch	viande hachée	*wjand aschee*
Hai	requin	*rekän*
halber Liter	demi-litre	*demi-litr*
Hals	cou	*ku*
Hände	mains	*män*
Handschuhe	gants	*gan*
Handtasche	sac à main	*sak a män*
Handtuch	serviette	*serwjet*
hässlich	laid	*läd*
helfen	aider	*edee*
Herd	cuisinière	*kuisinjär*
Heringe	harengs	*areng*
herrlich	délicieux	*delisjö*
heruntergesetzt	soldé / en promotion	*soldee / an promosjon*
Herz	cœur	*kör*
Hockey	hockey	*okki*
Hotelzimmer	chambre d'hôtel	*schambr dotel*
hübsch	beau / belle	*boh / bel*
Hüften	hanches	*ansch*
Huhn	poulet	*puleh*
Hühnerbein	cuisse de poulet	*kuiss de puleh*

Hühnerfilet	escalope de poulet	*eskalop de puleh*
Hund	chien	*schiän*

I

in, drinnen	dans	*dan*
Informatie	information	*enformasjon*

J

Jacke	veste / manteau	*west / mantoh*
	gilet	*schilee*
Jeans	jean	*schan*
joggen	courir	*kurir*
	faire du jogging	*fär du schogging*
Journalist	journaliste	*schurnalist*

K

Kajalstift	crayon pour les yeux	*rejon pur les jö*
Kakerlake	cafard	*kafaar*
Kamm	peigne	*pänj*
Kappe	casquette	*kasket*
kaputt	cassé(e)	*kassee*
Karaffe	carafe	*karaf*
Karotte	carotte	*karott*
Karten	cartes	*kart*
Kartoffel	pomme de terre	*pom de tär*
Käse	fromage	*fromasch*
Katze	chat	*schah*

Kehle	gorge	*gorsch*
Kekse	petits gâteaux	*ptie gatoh*
Kerze	bougie	*buschje*
Kette	collier	*kolljee*
Kinn	menton	*manton*
Kino	cinéma	*sinemaa*
Kleid	robe	*rob*
klettern	escalader	*eskaladee*
Kneipe	café / bistrot	*kafee / bistroo*
Knoblauch	ail	*äl*
Knöchel	cheville	*schewil*
Koch	cuisinier	*kuisinjee*
kochen	cuisiner	*kuisinee*
Koffer	valise	*walis*
Kopf	tête	*tät*
Körpercreme	lait pour le corps	*le pur le kor*
Küche	cuisine	*kuisin*
Kuh	vache	*wasch*
Künstler	artiste	*artist*
kurze Hose	short	*schort*
Kurzer	shot	*schot*
küssen	embrasser	*ambrassee*

L

lachen	sourire / rire	*surir / rir*
Lachs	saumon	*soomon*
Laken	drap	*dra*
Lammfleisch	viande d'agneau	*wjand danjoo*
Lampe	lampe	*lamp*

langsam fahren	conduire doucement	*konduir dussman*
langweilig	ennuyeux	*ännujö*
laufen	marcher	*marschee*
Leber	foie	*foa*
lecker	bon(ne)	*bon(n)*
Lehrer(in)	professeur	*professör*
lesen	lire	*lir*
Lidschatten	fard à paupières	*fard a popjer*
lieb	adorable	*adorabl*
Liebe	amour	*amur*
liegen	être allongé(e)	*ätre allonschee*
Likör	liqueur	*likör*
lila	violet	*wjolee*
links	gauche	*gosch*
links abbiegen	à gauche / vers la gauche	*a gosch / wer la gosch*
Lippen	lèvres	*lewr*
Liter	litre	*litr*
Löffel	cuillère	*kuiljer*
Luft	air	*är*
Luftmatratze	matelas pneumatique	*matlah pnömatik*
Lungen	poumons	*pumon*

M

Magen	estomac	*estomak*
Make-up	fondation	*fondasjon*

Makler	agent immobilier	*aschant immobiljee*
Manager	manager	*manaschör*
Mandarine	mandarine	*mandarin*
Mango	mangue	*mang*
Markt	marché	*marschee*
Matratze	matelas	*matla*
Matte	dessous de plat	*dessu de pla*
Maus	souris	*suri*
Meer	mer	*mer*
Messer	couteau	*kutoh*
mit	avec	*awek*
Modegeschäft	magasin de vêtements	*magazen de wetman*
mögen	pouvoir / avoir l'autorisation de	*puwuar / awuar lotorisasjon de*
Mond	lune	*lün*
Motorrad	moto / moteur	*motoo / motör*
Motorroller	scooter	*skutör*
Möwe	mouette	*muett*
Mücke	moustique	*mustik*
Mückenspray	spray contre les moustiques	*spree kontr le mustik*
müde	fatigué(e)	*fatigee*
Müll	bazar / bordel	*basaar / bordel*
Müllmann	éboueur	*eebuör*
Musik	musique	*musik*
Musikant	musicien	*musisjen*
Mütze	bonnet	*bonneh*

N

Nagelfeile	lime à ongle	*lim a ongl*
Nase	nez	*nee*
neben	à côté (de)	*a kotee (de)*
nett	gentil(le)	*schantil(l)*
neu	nouveau	*nuwoh*
Nieren	reins	*rän*

O

oben	en haut / au-dessus	*an oh / oh dessuu*
Ober	serveur	*serwör*
Oberschenkel	cuisses	*kuiss*
Obst	fruit	*frui*
ohne	sans	*san*
Ohren	oreilles	*oreeilj*
Ohrringe	boucles d'oreille	*bukl doreeilj*
Öl	huile	*uil*
Orange	orange	*oransch*

P

Papagei	perroquet	*perrokeh*
Paracetamol	paracétamol	*parasetamol*
Parken verboten	ne pas se garer	*ne pa se garee*
Parkhaus	parking à étages	*parking a etasch*
Passionsfrucht	fruit de la passion	*frui de la passjon*
Pasta	pâtes	*paat*
Penis	pénis	*peni*
Pfanne, Topf	poêle	*poäl*

Pfeffer	poivre	*poaawr*
Pferd	cheval	*schewal*
Pfirsich	pêche	*pesch*
Pflanze	plante	*plant*
Pflaster	pancement	*pansman*
Pflaume	prune	*prun*
Piercing	piercing	*pirsing*
Pilot	pilote	*pilot*
Pinzette	pince / pincette	*pens / penset*
Postbote	facteur / factrice	*faktör / faktris*
Psychologe	psychologue	*psikolog*
Pullover	pull	*pul*

Q

Qualle	méduse	*meduus*

R

Rabatt	réduction	*reduksjon*
rasieren	raser	*rasee*
Rasiermesser	rasoir	*rasoar*
Rasierschaum	mousse à raser	*muss a rasee*
Ratte	rat	*rah*
rauchen	fumer	*fümee*
rauchen verboten	interdiction de fumer	*anterdisjon de fümee*
Raucherraum	espace fumeur	*espas fümör*
rechts	droit(e) / à droite	*droa(t) / a droat*
rechts abbiegen	à droite / vers la droite	*a droat / wer la droat*

Regen	pluie	*plui*
Regenjacke	imperméable	*empermeabl*
Regenschirm	parapluie	*para-plui*
Reis	riz	*ri*
reisen	voyager	*woajaschee*
Reißverschluss	fermeture éclair	*fermeetür eklär*
reiten / fahren	conduire	*konduir*
rennen	courir	*kurir*
Rentier	renne	*rän*
Rindfleisch	viande de bœuf	*wjand de böf*
Ring	bague	*bag*
Rock	jupe	*schuup*
Rolltreppe	escalator	*eskalatör*
rosa	rose	*roos*
Rosinen	raisins secs	*resan sek*
rot	rouge	*rusch*
Rucksack	sac à dos	*sak a doh*

S

Salat	salade	*salad*
Salz	sel	*sel*
Sandfliegen	phlébotomes	*fleebotom*
Schaf	mouton	*muton*
Schal	écharpe / foulard	*eescharp / fulaar*
Scheibe Limone	rondelle de citron vert	*rondel de sitron wär*
Scheibe Zitrone	rondelle de citron	*rondel de sitron*
Schere	paire de ciseaux	*pär de siso*
Schiffer	capitaine (d'un bateau)	*kapitän (dön batoo)*

schlafen	dormir	*dormir*
Schlafsack	sac de couchage	*sak de kuschasch*
schmutzig	sale	*saal*
Schnecke	escargot	*eskargoo*
Schnee	neige	*näsch*
Schnürsenkel	lacets (de chaussure)	*laset (de schohssür)*
Schokolade	chocolat	*schoko*
schön	beau / belle	*boh / bel*
schreiben	écrire	*ekrir*
schreien	crier	*krjee*
Schultern	épaules	*epohl*
Schuster	femme / homme de ménage	*fam / om de meenasch*
schwarz	noir	*noar*
Schwein	cochon	*koschon*
Schweinefleisch	viande de porc	*wiand de pork*
See	lac	*lak*
Seife	savon	*sawon*
sein	être	*ätre*
servieren	servir	*serwir*
Serviette	serviette de table	*serwjet de tabl*
Sex haben	faire l'amour	*fär lamur*
Shampoo	shampoing	*schampoang*
sich trauen	oser	*osee*
Silber	argent	*arschan*
Slipper, Flip-Flops	claquettes / tongs	*klakket / tong*
Socken	chaussettes	*schossett*

Sonne	soleil	*solej*
Sonnenbrille	lunettes de soleil	*lünet de solej*
sonnen	bronzer	*bronsee*
Sonnenöl	huile solaire	*uil solär*
Sonnenschirm	parasol	*parasol*
Soße	sauce	*sohs*
spät	tard	*tar*
spazieren	se promener	*se promenee*
Spiel	jeu / jouet	*schö / schuee*
Spinne	araignée	*aregnee*
sprechen	parler	*parlee*
Stadt	ville	*wil*
Steak	bifteck	*biftek*
stehen	être debout / être	*ätre debu / ätre*
stehlen	voler	*wolee*
Sterne	étoiles	*eetoal*
Stewardess	hôtesse	*ootäss*
Stiefel	bottes	*bot*
Stirn	front	*fron*
stopp	stop	*stop*
Strand	plage	*plasch*
Strandliege	chaise de plage	*schäs de plasch*
Strandlokal	bar de plage	*bar de plasch*
Straßenbahn	tramway	*tramweej*
Strauch	arbuste	*arbüst*
Strohhalm	paille	*pailj*
Stuhl	chaise	*schäs*
Supermarkt	supermarché	*supermarschee*
Surfbrett	planche de surf	*plansch de sörf*

surfen	surfer	*sürfer*

T

T-Shirt	teeshirt	*ti schört*
tanzen	danser	*dansee*
Tanzfläche	piste de danse	*pist de dans*
Tasche	sac	*sak*
Tau	corde	*kord*
Taxi	taxi	*taksi*
Teller	assiette	*assjet*
Tennis	tennis	*tennis*
Teppich	tapis	*tapi*
Terrasse	terrasse	*terrass*
teuer	cher	*schär*
Theater	théâtre	*teatr*
Thunfisch	thon	*ton*
Tisch	table	*tabl*
Toilette / WC	wc	*dublewe se*
Toiletten	toilettes	*toalett*
toll	formidable	*formidabl*
	super	*supeer*
Tomate	tomate	*tomat*
Torte	tarte / gâteau	*tart / gatoh*
trampen	faire de l'autostop	*fär de lotostop*
Treppe	escalier	*eskaljee*
trinken	boire	*boar*
Tür	porte	*port*
Turnshuhe	tennis / baskets	*tennis / basket*

U

U-Bahn	métro	*metroo*
umkehren	faire demi-tour	*fär demi-tur*
unhöflich	désagréable	*desagreabl*
Uniform	uniforme	*uniform*
unter	sous	*su*
Unterhemd	chemise	*schemis*
Unternehmer	entrepreneur en bâtiment	*antreprenör an batiman*
Unterwäsche	sous-vêtements	*su-wetman*
Urlaub	vacances	*wakans*

V

Vagina	vagin	*waschin*
Vanille	vanille	*wanilj*
vergessen	oublier	*ubljee*
Verkäufer	vendeur	*wandör*
verloren	perdu(e)	*perdu*
viel	beaucoup	*bohku*
Vogel	oiseau	*oasoh*
Volleyball	volleyball	*wollejbol*
Vorsicht, Taschendiebe	attention aux pickpockets	*attansjon oh pikpokkeh*
Vorteil	avantage	*aawantaasch*

W

wach	éveillé(e)	*eewoljee*
Wangen	joues	*schu*
warten	attendre	*attöndre*

Wäscheleine	corde à linge	*kord a linsch*
Wasser	eau	*oh*
Wattepads	cotons	*koton*
Wattestäbchen	cotons tiges	*koton tisch*
WC-Papier	papier toilettes	*papjee toalett*
Wein	vin	*wan*
Weintrauben	raisins	*resen*
weiß	blanc	*blan*
Wellen	vagues	*wag*
wenig	peu	*pö*
weniger	moins	*muen*
Wimperntusche	mascara	*maskara*
Wind	vent	*want*
Wolken	nuages	*nuasch*
Wurm	ver	*wär*
Wurst	saucisse	*soosiss*

Z

Zahnarzt	dentiste	*dantist*
Zahnbürste	brosse à dents	*bros a dan*
Zahnpasta	dentifrice	*dantifris*
Zahnstocher	cure-dents	*kür-dan*
Zehen	orteils	*ortej*
Zeitschrift	magazine	*magasin*
Zeitung	journal	*schurnal*
Zelt	tente	*tant*
Zeltpfosten	mâts de tente	*mat de tant*
Zigarette	cigarette	*sigaret*
Zimmer	pièce	*pjäs*

Zimmermann	charpentier	*scharpentjee*
Zimt	cannelle	*kannell*
zu viel	trop	*troo*
Zucchini	courgette	*kurschet*
Zucker	sucre	*sukr*
Zug	train	*trän*
Zugang verboten	accès interdit	*aksee anterdi*
zuhören	écouter	*ekutee*
Zwiebel	oignon	*onjon*

NOTIZEN

100% FRANZÖSISCH

WÖRTER

FR - DE

A

à / allumé(e) an
à côté (de) neben
à droite / vers la droite rechts abbiegen
à gauche / vers la gauche links abbiegen
à l'aide! Hilfe!
à louer zu vermieten
à vendre zum kaufen
accès interdit Eingang verboten
accueil Empfang
addition Rechnung
adorable lieb
aider helfen
ail Knoblauch
air Luft
amour Liebe
ananas Ananas
âne Esel
araignée Spinne
arbre Baum
arbuste Strauch
argent Silber
arrogant arrogant
artiste Künstler
ascenseur Aufzug
assiette Teller
attendre warten
attention aux pick-pockets Vorsicht, Taschendiebe
attention! Vorsicht!
attirant(e) attraktiv
aubergine Aubergine
avantage Vorteil
avantageux vorteilhaft
avec mit
aventure Abenteuer
avion Flugzeug
avocat Advocat
avoir haben

B

bagage Gepäck
bague Ring
banane Banane
banque / canapé Bank
bar Bar
bar de plage Strandlokal
barbecue Grill
barman Barkeeper
bateau Boot
bazar / bordel Müll
beau / belle hübsch

beau / belle schön
beaucoup viel
bière Bier
bifteck Steak
bikini Bikini
blanc weiß
bleu blau
boire trinken
bon marché billig
bon(ne) gut
bonne chance! Viel Glück!
bonnet Kappe
bottes Stiefel
boucher Metzger
boucles d'oreille Ohrringe
bougie Kerze
boulanger Bäcker
bourré betrunken
boursier Börsenmakler
bouteille Flasche
bras Arme
bronzer sonnen
brosse à cheveux Haarbürste
brosse à dents Zahnbürste
bruit Lärm
bus Bus

C

cabine de douche Dusche
cadis Einkaufswagen
cafard Kakerlake
café / bistrot Kneipe
caisse Kasse
caleçon Boxershorts
cannelle Zimt
capitaine (d'un bateau) Schiffer
carafe Karaffe
carotte Karotte
cartes Karten
casquette Kappe
cassé(e) kaputt
cédez le passage Vorfahrt gewähren
centre commercial Einkaufszentrum
chaise Stuhl
chaise de plage Strandliege
chambre d'hôtel Hotelzimmer

charpentier Zimmermann
chat Katze
chauffeur Fahrer
chaussettes Socken
chemise Unterhemd
cher teuer
cheval Pferd
cheveux Haare
cheville Knöchel
chien Hund
chips Chips
chocolat Schokolade
cigarette Zigarette
cinéma Kino
claquettes/tongs Slipper/Flip-Flops
cochon Schwein
cocktail Cocktail
cœur Herz
coiffeur Friseur
collier Kette
complet ausverkauft
concombre Gurke
conduire fahren
conduire doucement langsam fahren
corde Tau
corde à linge Wäscheleine
coton Wattepads
cotons tiges Wattestäbchen
cou Hals
couleur Farbe
couloir Gang
courgette Zucchini
courir joggen, rennen
courses Einkäufe
couteau Messer
crayon pour les yeux Kajalstift
crème (pour le visage) (Gesichts)creme
crème (pour les mains) (Hand)creme
crevettes Garnele
crier schreien
cuillère Löffel
cuisine Küche
cuisiner kochen
cuisinier Koch
cuisinière Herd
cuisse de poulet Hühnerbein
cuisses Oberschenkel

cure-dents Zahnstocher

D

dans in, drinnen
danser tanzen
dauphin Delphin
de rien gerne geschehen
déchiré(e) zerrissen
défense de ... verboten ...
délicieux herrlich
demander fragen
demi-litre halber Liter
dentifrice Zahnpasta
dentiste Zahnarzt
désagréable unhöflich
dessous de plat Matte
discothèque Disco
dj DJ
doigts Finger
donner geben
dormir schlafen
drap Laken
dressing Dressing
droit(e) / à droite rechts

E

eau Wasser
eau non potable kein Trinkwasser
eau potable Trinkwasser
éboueur Müllmann
écharpe / foulard Schal
éclair Blitz
écouter anhören
écrire schreiben
embouteillage Stau
entrée libre Zutritt frei
entrepreneur en bâtiment Unternehmer
entrez sans frapper Eintritt ohne anzuklopfen
épaules Schultern
escalader klettern
escalator Rolltreppe
escalier Treppe
escalope de poulet Huhnerbrüst
escargot Schnecke
espace fumeur Raucherraum
espace non-fumeur Nichtraucherbereich
estomac Magen
étoiles Sterne

être sein
être allongé(e) liegen
être debout stehen
éveillé(e) wach
expert-comptable Wirtschaftsprüfer

F

facteur / factrice Postbote
faire de l'autostop trampen
faire demi-tour umkehren
faire du jogging joggen
faire du vélo Fahrrad fahren
faire l'amour Sex haben
faire la grasse matinée ausschlafen
fantastique fantastisch
fard à paupières Lidschatten
fatigué(e) müde
femme / homme de ménage Schuster
fenêtres Fenster
fermé geschlossen
fermeture automatique des portes selbstschließende Türen
fermeture éclair Reißverschluss
fesses Gesäß
fitness Fitness
fleur Blume
fleuriste Blumenhändler
flirter flirten
fluide staufrei
foie Leber
fondation Make-up
football Fußball
formidable wunderbar
fourchette Gabel
fraises Erdbeeren
frappez avant d'entrer klopfen vor dem Betreten
fruit Obst
fruit de la passion Passionsfrucht
fumer rauchen
fumeurs Raucher

G

gants Handschuhe
garage Garage
garage à vélos Fahrradunterstand
gauche links
gel pour les cheveux Haargel
gentil(le) nett
gilet Jacke
glaçon Eiswürfel
gorge Hals
gratuit umsonst
grenouille Frosch
gris grau
guide Führer

H

hanches Hüften
harengs Heringe
herbe Gras
hibou Eule
hockey Hockey
horaires de départ Abfahrtszeiten
hôtesse Stewardess
huile Öl
huile solaire Sonnenöl

I

il n'y a pas de quoi gerne geschehen
imperméable Regenjacke
imprimer drucken
information Information
inscrire / s'inscrire anmelden
interdiction de fumer Rauchen verboten
interdit(e) verboten
intestins Darm

J

jambes Beine
jardinier Gärtner
jaune gelb
jean Jeans
jeu / jouet Spiel
joues Wangen
jour férié Feiertag
journal Zeitung
journaliste Journalist
joyeux(se) fröhlich
jupe Rock

L

lac See
lacets (de chaussure) Schnürsenkel
laid hässlich
lait pour le corps Körpercreme
lampe Lampe
laque pour les cheveux Haarspray
légumes Gemüse
lèvres Lippen
libre frei
lime à ongle Nagelfeile
liqueur Likör
lire lesen
lit Bett
litre Liter
livre Buch
lune Mond
lunettes de soleil Sonnenbrille

M

magasin Geschäft / Laden
magasin de vêtements Bekleidungsgeschäft
mangue Mango
marché Markt
marcher laufen
mascara Wimperntusche
matelas Matratze
matelas pneumatique Luftmatratze
mâts de tente Zeltpfosten
méchant(e) böse
médecin Arzt
médicaments pour le traitement de la diarrhée Durchfall Hemmer
méduse Qualle
menton Kinn
mer Meer
métro U-Bahn
moins weniger
moto / moteur Motorroller
mouche Fliege
mouette Möwe
mousse à raser Rasierschaum
moustique Mücke
mouton Schaf
musicien Musikant

musique Musik

N

ne pas se garer Parken verboten
neige Schnee
nez Nase
noir schwarz
non-fumeurs Nichtraucher
nouveau neu
nuages Wolken

O

occupé besetzt
oignon Zwiebel
oiseau Vogel
or Gold
orage Gewitter
orange orange, Apfelsine
ordinateur Computer
ordures Müll
oreilles Ohren
orteils Zehen
oser wagen
oublier vergessen
ours Bär
ouvert offen

P

paille Strohhalm
pain Brot
paire de ciseaux Schere
pancement Pflaster
papier toilettes WC-Papier
paracétamol Paracetamol
parapluie Regenschirm
parasol Sonnenschirm
parking à étages Parkhaus
parler reden, sprechen
partir abfahren
passage interdit Zutritt verboten
pâte feuilletée Blätterteig
pâtes Pasta
payez ici hier bezahlen
pêche Pfirsich
pêcher angeln
peigne Kamm
pénis Penis
perdu(e) verloren
perroquet Papagei
petits gâteaux Kekse

peu wenig
phlébotomes Sandfliege
pièce Zimmer
pieds Füße
piercing Piercing
pilote Pilot
pince / pincette Pinzette
piste cyclable Fahrradweg
piste de danse Tanzfläche
plage Strand
planche de surf Surfbrett
plante Pflanze
pluie Regen
poêle Pfanne / Topf
poire Birne
poisson Fisch
poitrine / seins Brüste
poivre Pfeffer
pomme Apfel
pomme de terre Kartoffel
porte Tür
poulet Huhn
poumons Lunge
poussez schieben
pouvoir / avoir l'autorisation de dürfen
prière de ... Bitte...
professeur Leher(in)
profiter / savourer / jouir genießen
prune Pflaume
psychologue Psychologe
publicité Werbung
pull Pullover

R

raisins Weintrauben
raisins secs Rosinen
ralentissez langsamer fahren
raser rasieren
rasoir Rasiermesser
rat Ratte
réceptionniste Empfangsdame
recevoir bekommen
réchaud à gaz Gaskocher
réduction Rabatt
regarder gucken
reins Nieren
renard Fuchs
renne Rentier
requin Hai
réservé reserviert

rester bleiben
rez-de-chaussée Erdgeschoss
riz Reis
robe Kleid
rondelle de citron Scheibe Zitrone
rondelle de citron vert Scheibe Limone
rose rosa
rouge rot
rue piétonne Fußweg

S

sac Tasche
sac à dos Rucksack
sac à main Handtasche
sac de couchage Schlafsack
salade Salat
sale schmutzig
sans ohne
sans issue weiterfahren nicht möglich
sauce Soße
saucisse Wurst
saumon Lachs
savon Seife
scooter Motorroller
se connecter anmelden
sèche-cheveux Föhn
sel Salz
sentir fühlen
serveur Ober
serviette Handtuch
serviette de bain Badehandtuch
serviette de table Serviette
servir servieren
shampoing Shampoo
short kurze Hose
shot Kurzer
soldé / en promotion billiger
soldes Ausverkauf
soleil Sonne
sortie Ausgang
sortie de secours Notausgang
sortir ausgehen
sourire / rire lachen
souris Maus
sous unter
sous-vêtements Unterwäsche

soutien-gorge BH
spray contre les moustiques Mückenspray
stop stopp
stupide dumm
sucre Zucker
super toll
supermarché Supermarkt
sur auf
surfer surfen
sursauter erschrecken
sympa gemütlich

T

table Tisch
tache Fleck
talons Absätze
tapis Teppich
tard spät
tarte / gâteau Torte
taxi Taxi
teeshirt T-Shirt
téléphoner anrufen
tente Zelt
terrasse Terrasse
tête Kopf
théâtre Theater
thon Thunfisch
tirez ziehen
toilettes Toilette
tomate Tomate
torse Brust
tôt früh
tourne disque Drehscheibe
tout droit geradeaus
train Zug
tramway Straßenbahn
travailler arbeiten
trop zu viel
trou Loch
trouver finden

U

uniforme Uniform
usé(e) gebraucht

V

vacances Urlaub
viande d'agneau Lammfleisch
viande de bœuf Rindfleisch
viande de porc Schweinefleisch

viande hachée Hackfleisch
village Dorf
ville Stadt
vin Wein
vinaigre Essig
violet lila
voiture Auto
voler stehlen
voler fliegen
voleur Dieb
volleyball Volleyball
voyager reisen

W

wc Toilette

Y

yeux Augen

NOTIZEN

AUßERDEM ERHÄLTLICH

Nicht nur für Französisch, sondern auch für andere Fremdsprachen haben wir ein Sprachführer. Natürlich genau so wie diese: App & Guide.

100% Englisch
ISBN 978-39-4350-214-5

100% Spanisch
ISBN 978-39-4350-218-3

100% Portugiesisch
ISBN 978-39-4350-217-6

100% Italienisch
ISBN 978-39-4350-216-9

100% Türkisch
ISBN 978-39-4350-221-3

Unter *www.100travel.de/sprachguides* finden Sie noch mehr Informationen über diesen und die anderen 100% City- und Sprachguides und alle 100 %-Destinationen.

100% FRANZÖSISCH - APP & GUIDE wurde mit großer Sorgfalt zusammengestellt. Mo media ist nicht verantwortlich für eventuelle inhaltliche Fehler. Anmerkungen und/oder Kommentare können unter www.100travel.de mitgeteilt oder an die unten stehende Adresse gerichtet werden.

mo media gmbh, betr. 100% französisch
steinstraße 15, 10119 berlin
mail info@momedia.com
www.100travel.de/sprachguides

redaktion textcase
übersetzung cinderella dubois für textcase
bearbeitung anna bressanelli
foto cover duncan de fey
gestaltung kim peters, funkfabriek
konzept joyce enthoven

100% französisch isbn 978-39-4350-215-2